Grimoire Des Plus Puissants Rituels De Magie Noire Aztèque

S.D.

© 2025 S.D.

All rights reserved

Édition : BoD · Books on Demand, 31 avenue Saint-Rémy, 57600 Forbach, bod@bod.fr

Impression : Libri Plureos GmbH, Friedensallee 273, 22763 Hamburg (Allemagne)

ISBN : 978-2-3224-9735-5

Dépôt légal : Janvier 2025

Introduction 7
Sort de l'ombre du jaguar 12
Sort de la Flamme de l'Aigle 16
Sort de la colère du miroir fumant 22
Sort du maïs brisé 28
Sort du foyer brisé 34
Sort de la fleur piégée 40
Sort des ailes coupées 46
Sort de la Demeure hantée 52
Sort de l'ombre du malheur 58
Sort de l'ombre de la solitude 65
Sort de la flamme de la trahison 72
Sort de l'esprit fracturé 79
Sort de chagrin éternel 86
Sort d'éveil sans fin 93
Sort d'harmonie brisée 100
Sort de discorde sur le lieu de travail 107
Sort de la vérité cachée 114
Sort d'isolement éternel 117
Malédiction de la flamme mourante 120
Sort de malheur sans fin 123
Malédiction de la langue tordue 125

Sort de cauchemars éternels 128
Malédiction du Cœur Flétrissant 130
Sort de richesse pourrissante 132
Sort de la main invisible 134
Malédiction de la beauté flétrie 138
Sort de l'esprit perturbé 142
Malédiction de la soif sans fin 146
Sort de relations fracturées 149
Sort de la malédiction silencieuse 153
Malédiction de la chute sans fin 156
Sort du Cœur Brisé 159
Malédiction de la faim éternelle 163
Sort du rêve brisé 166
Malédiction de l'esprit errant 169
Sort des Yeux Creux 173
Sort du chemin brisé 176
Malédiction de la voix évanouie 179
Sort des mains flétries, ... 183
Malédiction de la tempête éternelle 186
Sort de l'âme flétrie 190
Sort du piège inéluctable 193
Malédiction de la lumière vacillante 196

Sort de l'écho silencieux... *199*
Conclusion... *202*

Introduction

L'ancienne civilisation aztèque, connue pour ses profondes croyances spirituelles et son lien avec les royaumes naturels et surnaturels, pratiquait une forme de mysticisme qui entremêlait les forces de la terre, des dieux et des esprits. La magie noire, dans le cadre de ce système de croyance complexe, n'était pas considérée comme intrinsèquement mauvaise, mais plutôt comme un outil puissant utilisé pour influencer et manipuler les forces du destin, de la vie et de la mort. Les sorts de magie noire aztèque étaient tissés de rituels, de symboles et de sacrifices, invoquant des dieux et des divinités de leur riche panthéon pour satisfaire des désirs personnels ou modifier le cours des événements.

La magie noire aztèque était souvent centrée sur la dualité de la vie et de la mort. Les dieux n'étaient pas seulement des êtres bienveillants, mais aussi des forces de destruction, de ténèbres et de vengeance. Leur pouvoir pouvait être exploité à des fins malveillantes, qu'il s'agisse de lancer une malédiction, d'apporter le malheur, de rompre des relations ou même d'invoquer des esprits du monde souterrain. Contrairement aux formes modernes de magie, qui se concentrent souvent sur l'autonomisation personnelle ou la guérison, la magie noire aztèque était principalement utilisée pour manipuler, contrôler ou nuire à ceux qui avaient fait du tort ou trahi.

L'un des principes centraux de la magie noire aztèque était l'utilisation de symboles, de rituels et d'ingrédients du monde naturel – plantes, pierres, animaux et objets sacrés – pour canaliser l'énergie des dieux. Ces rituels impliquaient souvent d'invoquer des divinités telles que Tezcatlipoca, le dieu des miroirs et du destin, Mictlantecuhtli, le dieu des enfers, ou Tlazolteotl, la déesse de la purification et de la saleté. En offrant des sacrifices ou en accomplissant des rites complexes, le pratiquant pouvait s'aligner avec ces divinités et les obliger à agir en leur faveur, que ce soit pour se venger, détruire ou contrôler.

La puissance de ces sorts provenait de leur lien avec les forces de la nature, les cycles de la vie et de la mort, et l'ancienne sagesse du peuple aztèque. On croyait que la puissance de la magie noire aztèque ne résidait pas seulement dans le rituel lui-même, mais aussi dans la capacité du pratiquant à canaliser ces forces avec intention et concentration. Qu'ils soient lancés en secret ou exécutés au cœur d'un temple sombre, ces sorts étaient un moyen de déformer la réalité, d'invoquer le surnaturel et de réaliser ses désirs les plus sombres.

La collection suivante de sorts de magie noire aztèque est conçue pour ceux qui souhaitent explorer cet art ancien de la manipulation des ténèbres. Chaque sort est imprégné de symbolisme aztèque, invoquant les dieux, les esprits et les éléments de la nature pour exaucer des souhaits malveillants. Ces rituels ne sont pas pour les âmes sensibles, mais sont une fenêtre sur les anciennes pratiques du peuple aztèque – un aperçu des forces sombres et puissantes qu'ils croyaient pouvoir utiliser pour façonner le monde.

Sort de l'ombre du jaguar

But:

Pour invoquer la furtivité, la force et la ruse du jaguar pour se protéger, se venger ou réussir dans la bataille.

Ingrédients:

Lame d'obsidienne - Symbole de Tezcatlipoca, le dieu aztèque de la nuit et de la sorcellerie.

Griffe de jaguar (ou sculpture symbolique d'une griffe) – Représente la puissance et la férocité de l'animal.

Encens Copal – Pour invoquer et honorer les esprits.

Gouttes du propre sang du lanceur – Une offrande personnelle aux dieux.

Pétales de fleurs de minuit (par exemple, soucis ou fleurs de cacao) – Pour attirer l'énergie spirituelle.

Bol d'eau de source pure – Sert de portail pour le monde des esprits.

Incantation:

(À chanter pendant le rituel)

"Tezcatlipoca, Seigneur des Ombres, entends mon appel,

La puissance de Jaguar pourrait m'arriver.

À travers le miroir, à travers la nuit,

Accorde-moi la force et la vue invisible.

Réalisation :

Préparez l'espace rituel :
Lancez le sort sous le couvert de la nuit, idéalement lors d'une nouvelle lune.
Créez un petit autel avec le bol d'eau de source au centre. Entourez-le de la lame d'obsidienne, de la griffe du jaguar et des pétales. Allumez l'encens copal.
Offrande de sang :
Piquez votre doigt ou votre paume avec la lame d'obsidienne, en laissant quelques gouttes de sang tomber dans l'eau. Au fur

et à mesure que le sang se répand, visualisez le jaguar rôdant dans l'ombre.

Chantez l'incantation :

Agenouillez-vous devant l'autel, placez la griffe ou la sculpture du jaguar dans votre main dominante et chantez l'incantation trois fois. Concentrez-vous sur votre intention, qu'il s'agisse de vengeance, de protection ou de capacités améliorées.

Invoquez l'esprit du jaguar :

Regardez dans l'eau. Imaginez la surface se transformant en miroir noir de Tezcatlipoca. Imaginez le jaguar franchir le portail, fusionnant son essence avec la vôtre.

Sceller le sort :

Lorsque vous ressentez une poussée d'énergie, soufflez l'encens et dites : « L'ombre est à moi ; La chasse commence. Cela complète le rituel.

Conclusion:

Ce sort fait appel à la puissance redoutable du jaguar et aux ténèbres divines de Tezcatlipoca. Utilisez-le à bon escient, car invoquer de telles énergies exige du respect et de la clarté dans votre objectif. Une mauvaise utilisation du sort peut susciter la colère des dieux ou de l'esprit du jaguar lui-même.

Sort de la Flamme de l'Aigle

But:

Pour convoquer la force ardente et le courage divin de l'aigle, créature sacrée du soleil, pour la victoire dans les conflits ou pour surmonter des défis insurmontables.

Ingrédients:

Plume dorée (ou une réplique symbolique) – Représente l'aigle et la puissance du soleil.
Éclat d'obsidienne – Un conduit pour la connexion mystique avec les dieux.
Braises ardentes – Symbole de la flamme éternelle du soleil.

Gouttes de liqueur de cacao – Une offrande sacrée à Huitzilopochtli, le dieu du soleil et divinité de la guerre.

Pétales de fleurs rouges et or – Pour évoquer l'esprit ardent de l'aigle.

Un bol en argile – Pour tenir les braises ardentes pour le rituel.

Incantation:

(À chanter pendant le rituel)

"Huitzilopochtli, Tlāltikpak tlāzohkamati,
Kuei kuikani, chimalli ilwikayotl.
Tlāzohkamati, chīchīltik kalli ītonameyotl,
Tehuatl huel miak ōmpa īnim ipehua.

(Traduction : "Huitzilopochtli, grâce à toi,

Grand chanteur, bouclier des cieux.
Grâce à toi, maison rouge de la lumière de l'aigle,
Vous êtes nombreux, et c'est là que commence votre force.

Réalisation:

Préparez l'espace rituel :
Effectuez le rituel à l'aube, au moment où les premiers rayons du soleil touchent la terre. Cela s'aligne avec l'ascension de l'aigle dans les cieux.
Créez un cercle sacré. Placez le bol en argile rempli de braises ardentes au centre.

Entourez-le de plume dorée, d'éclats d'obsidienne et de pétales de fleurs.

L'offrande du cacao :

Versez quelques gouttes de liqueur de cacao chaude dans les braises ardentes. Au fur et à mesure que le parfum monte, visualisez-le portant votre supplication vers les cieux.

Chantez l'incantation :

Tenez la plume dorée (ou sa sculpture symbolique) à deux mains et faites face au soleil levant. Chantez l'incantation en nahuatl trois fois, chaque fois plus fort et avec plus de conviction.

Renforcer la flamme :

Regardez dans les braises ardentes.
Imaginez un aigle jaillissant, les ailes enflammées de soleil, s'élevant plus haut à chaque répétition de l'incantation. Sentez sa force fusionner avec la vôtre.

Sceller le sort :

Une fois que les braises sont presque éteintes, enterrez les cendres restantes avec l'éclat d'obsidienne et dites : « Miak tonalli, ōmpa īnim ilwikayotl ni tehuatl ».
(Traduction : « Beaucoup de bénédictions, ici commence la lumière, et je suis son réceptacle. »)

Conclusion:

Ce sort lie le lanceur à la puissance divine du soleil et à l'esprit intrépide de l'aigle.

Cependant, cela exige un courage et une vénération inébranlables pour Huitzilopochtli. Si le sort est mal utilisé, l'aigle peut tourner sa colère ardente contre les indignes.

Sort de la colère du miroir fumant

But:

Pour invoquer le pouvoir destructeur de Tezcatlipoca, le dieu des ténèbres, de la sorcellerie et de la vengeance, pour apporter la ruine à un ennemi en tissant son destin dans l'ombre.

Ingrédients:

Miroir d'obsidienne – Un outil sacré représentant Tezcatlipoca, le miroir fumant.

Plumes noires – Symbole de l'ombre et du secret.

Os calcinés ou substitut symbolique (p. ex., bois sculpté) – Représente la fragilité de l'ennemi.

Gouttes de sang du lanceur de sorts – Pour établir un lien avec Tezcatlipoca.

Une mèche de cheveux de l'ennemi ou un objet le représentant – Pour lier le sort à sa cible.

Encens Copal – Pour invoquer l'esprit de Tezcatlipoca.

Un récipient en argile – Pour contenir les restes maudits.

Incantation :

(À chanter pendant le rituel)

"Tezcatlipoca, Tlāltikpak huītz,
Tlāzohkamati ihuan titlanitzi.
Nelli tekuani, tlasohkamati miak,
Ihuan nochan tōk tētlakatl.

(Traduction : « Tezcatlipoca, descends à la terre,
Je vous remercie et je vous convoque.
Vrai jaguar, dévoreur de beaucoup,
Et que mon ennemi sente la pierre du destin.

Réalisation:

Préparez l'espace rituel :
Exécutez ce sort par une nuit sans lune, lorsque les ombres sont les plus profondes. Placez le miroir d'obsidienne au centre de votre autel. Entourez-le de plumes noires, d'os carbonisés et d'encens copal. Allumez l'encens pour remplir l'air de sa fumée sacrée.

Lier l'ennemi :
Placez la mèche de cheveux ou l'objet représentant votre ennemi devant le miroir. Tenez-le au-dessus de la fumée de l'encens, en imaginant l'essence de

l'ennemi s'entremêlant à la puissance de Tezcatlipoca.

Offrande de sang :

Piquez-vous le doigt ou la paume de votre main et étalez quelques gouttes de sang sur la surface du miroir. Murmurer:

« Tezcatlipoca, montrez leur destin dans le Miroir Fumant. »

Chantez l'incantation :

Agenouillez-vous devant l'autel en tenant le miroir à deux mains. Chantez l'incantation nahuatl lentement et à plusieurs reprises, en regardant dans le miroir. Visualisez votre ennemi succombant à la malchance, pris dans l'ombre, incapable de s'échapper.

Scellez la malédiction :

Placez l'objet, les plumes et les os dans le récipient en argile. Scelle-le avec de la cire ou un chiffon et enterre-le sous un arbre en disant :

"Nekemēkatl, ōmpa tīchītlāzoh. Tehuatl in tētlakatl.

(Traduction : « Leur vie est liée, et je vous le confie. Vous êtes maintenant à eux.

Conclusion:

Ce sort déclenche la colère de Tezcatlipoca, tissant une toile incassable de ténèbres autour de l'ennemi. Cependant, il s'accompagne d'un avertissement terrible : Tezcatlipoca est un dieu capricieux. Le lanceur de sorts doit être prêt à faire face aux conséquences si le regard du dieu s'attarde trop longtemps sur lui. La vengeance a un prix, et les ombres cherchent toujours l'équilibre.

Sort du maïs brisé

But:
Maudir un ennemi avec la pauvreté et le malheur en détruisant sa prospérité, symbolisée par le maïs, l'élément vital de la survie dans la culture aztèque.

Ingrédients:

Maïs séché (maïs) – Représente la richesse et la subsistance de l'ennemi.

Éclat d'obsidienne noire - Un symbole de couper les liens à l'abondance.

Poussière de charbon de bois – Représente la décomposition et la ruine.

Épines de cactus – Pour infliger des difficultés et des souffrances.

Gouttes de sang du lanceur – Pour alimenter le sort.

Une mèche de cheveux de l'ennemi ou une représentation de celui-ci (nom gravé dans le bois ou la pierre) – Pour cibler la malédiction.

Bol en argile – Pour contenir les composants du rituel.

Encens Copal – Pour invoquer les dieux et porter la malédiction à travers la fumée.

Incantation :

(À chanter pendant le rituel)

"Itztlacoliuhqui, nelli tēmikayotl,
Tlāzohkamati, huītz ma kualani.
Tlazohka tētlakatl, in mālli mo tlachīhual."

(Traduction : « Itztlacoliuhqui, véritable porteur de difficultés,
Merci, venez détruire.
Frappez le maïs de l'homme, et ruinez son travail.

Réalisation:

Préparez l'espace rituel :
Effectuez le rituel au crépuscule, symbolisant la fin de l'abondance.
Placez le bol d'argile au centre de votre autel et entourez-le de poussière de maïs, d'obsidienne et de charbon de bois.
Allumez l'encens copal.
Ciblez l'ennemi :
Placez la mèche de cheveux de l'ennemi (ou sa représentation) dans le bol.
Saupoudrez la poussière de charbon de bois dessus tout en visualisant leur

richesse se transformant en cendres et en ruine.

Offrande de sang :

Piquez votre doigt ou votre paume et laissez quelques gouttes de sang couler sur le maïs. Comme le sang tache les grains, imaginez leur prospérité s'évanouir.

La destruction du maïs :

Prenez l'éclat d'obsidienne et écrasez le maïs à l'intérieur du bol, en brisant les grains avec force. Dire:

« Mo tlachīhual ōtlako, in mālli ōmic. »

(Traduction : « Votre travail est brisé, votre maïs est mort. »)

Chantez l'incantation :

Tenez le bol en l'air et Chantez l'incantation trois fois. À chaque fois, imaginez l'ennemi perdre ses biens, se débattre et sombrer dans la pauvreté.
Enterrez la malédiction :
Prenez le bol avec le maïs cassé et enterrez-le loin de votre maison, de préférence près d'un cactus, en disant :
« Tehuatl in nāuh, mo mālli ōmotlātlak. »
(Traduction : « Vous êtes liés, votre maïs est ruiné. »)
Conclusion:
Ce sort garantit que la richesse de l'ennemi s'effondrera lentement, comme le maïs réduit en poussière. Cependant, invoquer Itztlacoliuhqui est dangereux – sa froide

justice est impartiale, et le lanceur doit faire attention à ne pas attirer sa punition par cupidité ou abus de pouvoir. La prospérité coule dans les deux sens ; L'équilibre doit être respecté.

Sort du foyer brisé

But:
Lancer une malédiction qui déracine le sentiment de stabilité d'un ennemi, lui faisant perdre sa maison, son abri ou son lieu de refuge.

Ingrédients:

Petite figure en argile d'une maison – Représente la maison de l'ennemi.

Éclat d'obsidienne – Pour briser symboliquement leur fondation.

Cendre noire – Représente la ruine et la désolation.

Pierre sismique ou roche provenant d'un sol instable – Un hommage au domaine de destruction sismique de Tepeyollotl.

Gouttes de sang du lanceur – Pour sceller le sort avec un pouvoir personnel.

Une mèche de cheveux de l'ennemi, un nom gravé dans le bois ou un objet personnel - Pour cibler la malédiction.

Encens Copal – Pour faire appel aux forces divines.

Incantation:

(À chanter pendant le rituel)

"Tepeyollotl, in tlahtoani tētlapak,
Neltlāzohkamati, kuikani tlātlapol.
Mo tlapan, mo nāuh ītoctli motlāz.

(Traduction : « Tepeyollotl, souverain de la terre tremblante,
Je rends grâce, chanteur de destruction.
Leur fondation, leur foyer, je les détruis.

Réalisation:

Préparez l'espace rituel :

Effectuez le rituel à minuit, de préférence pendant une tempête ou après un tremblement de terre pour canaliser l'énergie destructrice.

Placez la maison en argile au centre de votre autel, entourée de cendres noires et de la roche. Allumez l'encens de copal pour invoquer l'énergie de Tepeyollotl.

Lier l'ennemi au sort :

Placez la mèche de cheveux, le nom sculpté ou l'objet personnel à l'intérieur de la maison en argile. Saupoudrez la cendre dessus et dites :

« Tlāzohkamati Tepeyollotl, nēlī tlātlapol. »

(Traduction : « Merci, Tepeyollotl, pour la véritable destruction. »)

Offrande de sang :

Piquez-vous le doigt et étalez votre sang sur l'éclat d'obsidienne. Touchez l'éclat de la maison d'argile, en imaginant la maison de l'ennemi s'effondrer en poussière.

Briser le foyer :

Tenez la maison d'argile dans vos mains et Chantez l'incantation lentement et avec intention. Pendant que vous chantez, visualisez l'ennemi forcé de quitter sa maison, ses murs s'effondrer, sa stabilité se dissoudre.

La rupture :

Après avoir chanté l'incantation trois fois, brisez la maison d'argile avec l'éclat d'obsidienne en disant :

« Mo tlapan ōtlako, in toctli ōmotlāz. »

(Traduction : « Ton fondement est brisé, ton foyer détruit. »)

Enterrer les restes :

Récupérez les morceaux cassés, les cendres et la roche. Enterrez-les dans un sol instable (près d'un gouffre, d'une terre fissurée ou d'un lieu en ruine), en scellant la malédiction en disant :

« Ihuān tētlapak ti tlanahuatia, mo ītoctli tlanahuatīlō. »

(Traduction : « Et près de la terre tremblante, ton abri tremble aussi. »)

Conclusion:

Ce sort invoque Tepeyollotl pour ébranler les fondations de la vie de l'ennemi, lui faisant perdre sa maison. Cependant, le lanceur doit se méfier : invoquer les forces de la terre peut apporter le chaos au lanceur s'il agit par vengeance mesquine ou sans volonté forte. Respectez le pouvoir de destruction, car il peut frapper de manière inattendue.

Sort de la fleur piégée

But:

Pour séduire et attirer l'amant d'une autre personne, lier son désir au lanceur et affaiblir sa fidélité à sa relation actuelle.

Ingrédients:

Pétales de fleurs rouges fraîches (de préférence des soucis ou des hibiscus) – Représente l'amour et la passion.

Goutte de miel ou de nectar d'agave – Pour adoucir leurs pensées sur vous.

Éclat de miroir – Pour refléter et amplifier votre beauté.

Mèche de cheveux de la cible (ou quelque chose de symbolique à son image, comme son nom écrit sur du parchemin).

Petite figurine ou poupée – Pour agir comme le réceptacle de votre sort.

Encens Copal – Pour invoquer Xochiquetzal.

Goutte de votre sang – Pour sceller le lien.

Bol d'eau en argile – Pour agir comme un bassin de divination.

Incantation:

(À chanter pendant le rituel)

"Xochiquetzal, īno māxoxōchitl nēmī,
Tlāzohkamati tēmiktli yehhuatl.
In no yolkā, mo yolkā, īpan yā ixtiyotl.

(Traduction : « Xochiquetzal, porteur de la fleur éternelle,
Merci de faire rêver d'eux.

Leur cœur, mon cœur, rejoint par ce regard.

Réalisation:

Préparez l'espace rituel :
Effectuez le rituel pendant la lune croissante pour attirer et développer l'énergie.
Créez un autel avec le bol d'eau en argile au centre. Entourez-le des pétales de fleurs, de la figurine et de l'éclat de miroir.
Allumez l'encens copal pour invoquer Xochiquetzal.
Personnalisez la figurine :

Enroulez la mèche de cheveux ou l'objet symbolique autour de la figurine. Placez-le sur l'autel et saupoudrez-le de miel ou de nectar d'agave, en disant :

« Mo yolkā īkuīlōtl, tēmi īni miak motlāltik. »

(Traduction : « Ton cœur est enlacé, rêvant de moi beaucoup de beaux rêves. »)

Offrande de sang :

Piquez votre doigt et placez une seule goutte de sang dans l'eau. Regardez dans l'eau et imaginez la cible qui vous regarde dans les yeux, incapable de résister à votre attrait.

Chantez l'incantation :

Tenez la figurine dans vos mains et Chantez l'incantation trois fois, chaque fois plus fort et avec plus de conviction. Visualisez la cible attirée par vous, ses pensées consumées par le désir pour vous.

Sceller le sort :

Plongez la figurine dans l'eau et dites :

« Neltlāltik, no yolkā tlasohkamati. »

(Traduction : « C'est fait, leur cœur est à moi. »)

Maintenez le lien :

Gardez l'eau et la figurine ensemble dans un endroit caché jusqu'à ce que la cible vienne à vous. Rafraîchissez les pétales et le miel si le sort commence à s'estomper.

Conclusion:

Ce sort enchante l'esprit de la cible, plantant les graines du désir et de la séduction. Cependant, Xochiquetzal est une déesse de la beauté et de la passion, mais aussi de l'inconstance : si le sort est mal utilisé ou non respecté, il peut entraîner des conséquences inattendues telles que l'obsession, le chagrin d'amour ou la malchance. Utilisez-le à bon escient, car l'amour obtenu par la manipulation est rarement durable.

Sort des ailes coupées
But:
Briser le lien émotionnel, spirituel et physique entre deux individus, provoquant

la discorde et éventuellement la séparation.

Ingrédients:

Deux éclats d'obsidienne – Représentent la rupture du lien.
Fil noir – Symbolise la connexion entre le couple.
Pétales de souci brûlés – Représentent la décomposition de l'amour.
Poussière de charbon de bois – Symbole de la ruine et des cendres de leur relation.
Une goutte de votre sang – Pour renforcer le sort.

Une représentation du couple (leurs noms écrits sur un parchemin, une photo ou des figures symboliques).

Encens Copal – Pour invoquer Itzpapalotl.

Un pot ou un bol en argile – Pour contenir les objets rituels.

Incantation:

(À chanter pendant le rituel)

"Itzpapalotl, Tlāltikpak ikwik tētlakatl,

Tlāzohkamati, kuikani nechītlāz.

Mo yolkā, mo itzmitl, motlātlak īpan tōtlā.

(Traduction : « Itzpapalotl, déesse terrestre de l'obsidienne,

Merci, chanteur de séparation.

Leurs cœurs, tes lames, leur lien défait par ta volonté.

Réalisation:

Préparez l'espace rituel :
Effectuez le rituel pendant une lune décroissante, un moment pour les fins et la libération d'énergie.
Créez un autel avec le pot en argile au centre, entouré d'éclats d'obsidienne, de pétales de souci brûlés et de poussière de charbon de bois. Allumez l'encens copal pour invoquer l'énergie d'Itzpapalotl.
Lier la représentation du couple :

Prenez la représentation symbolique du couple (des noms sur un parchemin, une photo ou de petits personnages) et attachez-les ensemble avec le fil noir.
Placez-les à l'intérieur du pot en argile.
Offrande de sang :
Piquez-vous le doigt et étalez une goutte de sang sur chaque éclat d'obsidienne.
Tenez les éclats au-dessus de la fumée d'encens et dites :
« In Itzpapalotl, mo yolkā tlāltlak. »
(Traduction : « Itzpapalotl, leurs cœurs sont brisés. »)
Coupez le fil :
Tenez les éclats d'obsidienne comme des lames et coupez le fil noir tout en chantant

l'incantation. Visualisez le lien émotionnel et spirituel entre les deux personnes qui se défait.

Répandre la ruine :

Saupoudrez la poussière de charbon de bois et les pétales de souci brûlés dans le pot, en recouvrant la représentation du couple. Dire:

« Mo yolkā ōtlako, mo itzmitl īpan tōtla. »

(Traduction : « Leurs cœurs sont rompus, leur lien est défait. »)

Scellez la malédiction :

Enterrez le pot en argile et son contenu loin de chez vous ou à un carrefour, en scellant le sort en disant :

« In itztli ōmpa tōtlachīwa, mo yolkā īpan tētl. »

(Traduction : « Par l'obsidienne, leur destin est coulé, leurs cœurs changés en pierre. »)

Conclusion:

Ce sort invoque Itzpapalotl pour rompre le lien entre deux personnes, apportant discorde et détachement émotionnel jusqu'à ce que le lien s'effondre.

Sort de la Demeure hantée

But:

Pour invoquer des esprits et les lier à la maison d'un ennemi, créant ainsi des troubles, de la peur et du malheur.

Ingrédients:

Un fragment d'os ou un substitut symbolique (par exemple, un os sculpté ou un matériau semblable à un os) – Représente les morts.

Cendres d'un objet brûlé – Pour relier les esprits au monde physique.

Éclat d'obsidienne noire – Symbole de la porte d'entrée vers le monde souterrain.

Encens Copal – Pour invoquer Mictlantecuhtli et les esprits.

Une mèche de cheveux de l'ennemi ou son nom écrit sur du parchemin – Pour lier la malédiction à la cible.

Pétales de souci séchés – Associés aux morts dans les rituels aztèques.

Pot ou pot en argile – Pour servir de récipient aux esprits.

Gouttes de sang du lanceur – Pour renforcer le sort.

Incantation:

(À chanter pendant le rituel)

"Mictlantecuhtli, Tlāltikpak īpan huehuetlatolli,

Tlāzohkamati, huītz in tētlakatl.

Mo chanti ōmē tekuani, īpan mo yol.

(Traduction : "Mictlantecuhtli, seigneur de l'ancienne terre,

Merci, amenez les morts.

Deux jaguars habitent maintenant dans leur cœur.

Réalisation:

Préparez l'espace rituel :
Effectuez le rituel à minuit la veille de la pleine lune, lorsque le voile entre les mondes est mince.
Placez le pot d'argile au centre de votre autel, entouré d'éclats d'obsidienne, d'os et de pétales de souci. Allumez l'encens copal pour invoquer Mictlantecuhtli.
Invoquez les esprits :

Placez la cendre et la mèche de cheveux de votre ennemi (ou son nom écrit sur du parchemin) à l'intérieur du pot. Ajoutez les pétales de souci et maintenez le fragment d'os au-dessus de la fumée d'encens. Chantez l'incantation lentement, en visualisant des esprits agités se levant du monde souterrain.

Offrande de sang :

Piquez-vous le doigt et laissez tomber quelques gouttes de sang dans la marmite en disant :

« In chanti ōtēka, tētlakatl ōmotlāzoh. »

(Traduction : « Leur maison est pleine, les esprits sont venus. »)

Sceller le sort :

Couvrez le pot avec un chiffon ou de la cire. Tenez l'éclat d'obsidienne et tapotez le pot trois fois en disant :

« Mictlantecuhtli, ōmotlāltik, mo chanti īpan tētlakatl. »

(Traduction : « Mictlantecuhtli, c'est fait, leur maison est maudite. »)

Livraison de la malédiction :

Enterrez le pot près de la maison de l'ennemi, de préférence près de la porte d'entrée, ou cachez-le à l'intérieur si possible. Pendant que vous l'enterrez, répétez :

« Mochantli tēkuani ōpan īhuān mōyolkā tētlakatl. »

(Traduction : « Leur maison est hantée, leur paix dévorée. »)

Conclusion:

Ce sort fait appel à Mictlantecuhtli pour envoyer des esprits hanter la maison d'un ennemi, créant ainsi des troubles et de la peur. Les esprits resteront liés à la maison jusqu'à ce que le pot soit détruit. Cependant, les esprits sont imprévisibles, et le lanceur doit être prudent, car l'énergie des morts peut parfois s'égarer si le sort n'est pas exécuté avec précision.

Sort de l'ombre du malheur

But:

Maudir un ennemi avec une malchance continue, provoquant des obstacles, des échecs et des malheurs pour le suivre partout où il va.

Ingrédients:

Une plume noire – Représente le malheur et une énergie inquiétante.
Poussière de charbon de bois – Symbolise la décomposition et la ruine.
Un éclat de miroir brisé – Reflète la fortune brisée.
Épines de cactus – Pour apporter douleur et difficultés.

Une mèche de cheveux de l'ennemi ou son nom écrit sur du parchemin – Pour cibler le sort.

Pot ou bol en argile – Pour contenir l'énergie de la malédiction.

Gouttes de sang du lanceur – Pour renforcer le sort.

Encens Copal – Pour invoquer Tlazoltéotl.

Pétales de souci séchés – Symbole des morts et de la décomposition.

Incantation:

(À chanter pendant le rituel)

"Tlazoltéotl, īpan no ōtlahtoc.

In tlapoyohualli, mo yolkā īpan ōtlako.

Tlāzohkamati, huei tlahtlacolli.

(Traduction : « Tlazoltéotl, dans les ténèbres, je te cherche.
Dans l'ombre et la ruine, leur cœur est défait.
Merci, grande déesse du malheur.

Réalisation:

Préparez l'espace rituel :
Effectuez le rituel pendant une nuit sombre et orageuse ou la nuit d'une nouvelle lune, lorsque l'énergie négative est la plus forte.
Placez le pot d'argile au centre de votre autel, entouré de poussière de charbon de

bois, d'éclats de miroir brisés, d'épines de cactus et de pétales de souci. Allumez l'encens copal pour invoquer Tlazoltéotl.

Lier la cible :

Placez la mèche de cheveux (ou le parchemin avec son nom) à l'intérieur du pot d'argile. Saupoudrez de poussière de charbon de bois et de pétales de souci dessus, en disant :

« Mo yolkā īpan tlapoyohualli, in tlamiyahuatl ōmotlāltik. »

(Traduction : « Votre cœur est dans les ténèbres, votre fortune est brisée. »)

Offrande de sang :

Piquez votre doigt ou votre paume et laissez tomber une goutte de votre sang dans le bocal. Lorsque le sang touche le contenu, visualisez la cible entourée de ténèbres et la malchance qui la suit.

Chantez l'incantation :

Tenez la plume noire dans votre main et Chantez l'incantation trois fois, chaque fois plus fort et plus fort. Pendant que vous chantez, imaginez la cible qui trébuche, ses plans qui échouent et sa vie est remplie de difficultés.

Scellez la malédiction :

Cassez la plume noire et déposez-la dans le bocal. Fermez le pot avec de la cire ou un chiffon et dites :

« In tlapoyohualli motlāltik, in tlamiyahuatl īpan ōtlako. »

(Traduction : « Les ténèbres sont jetées, leur malheur est fait. »)

Bannissez la chance :

Enterrez la jarre dans un endroit désolé ou maudit (un carrefour, un champ stérile ou près d'un arbre mort). Pendant que vous l'enterrez, répétez :

« In tlazohkamati Tlazoltéotl, mo yolkā īpan tlamiyahuatl. »

(Traduction : « Grâce à Tlazoltéotl, leur cœur est maudit de malheur. »)

Conclusion:

Ce sort entoure la cible d'une ombre de malchance, influençant sa vie avec des difficultés et des échecs continus. Cependant, Tlazoltéotl est aussi une déesse de la purification, donc si la cible cherche la rédemption ou le nettoyage, les effets peuvent s'estomper avec le temps. La prudence est de mise lorsque vous travaillez avec de telles énergies, car elles peuvent parfois se refléter sur le lanceur si elles ne sont pas correctement contrôlées.

Sort de l'ombre de la solitude

But:
Rompre les liens sociaux et émotionnels d'un ennemi, le laissant isolé, seul et abandonné.

Ingrédients:

Miroir en obsidienne noire – Représente l'isolement et la rupture des relations.

Une mèche de cheveux de l'ennemi ou son nom écrit sur du parchemin – Pour cibler le sort.

Épines de cactus – Symbole de douleur et de blessures émotionnelles.

Poussière de charbon de bois – Représente les connexions brisées.

Pétales de souci brûlés – Associés à la pourriture et à la perte.

Un pot ou un bol en argile – Pour contenir la malédiction.

Gouttes de votre sang – Pour renforcer le sort.

Encens Copal – Pour invoquer Tezcatlipoca.

Une petite figurine ou une poupée – Pour représenter la cible.

Incantation :

(À chanter pendant le rituel)

"Tezcatlipoca, tliltik īpan tētlakatl.

Tlāzohkamati in tōnalkāhuia.

Mo yolkā īpan cē tliltik tōnalli.

(Traduction : « Tezcatlipoca, le plus sombre parmi les hommes.

Merci pour votre don d'ombre.

Leur cœur habite dans un soleil sombre.

Réalisation:

Préparez l'espace rituel :
Effectuez le rituel pendant la lune décroissante, lorsque l'énergie est concentrée sur la libération et les fins. Placez le pot d'argile au centre de votre autel, entouré du miroir d'obsidienne, d'épines de cactus, de poussière de charbon de bois et de pétales de souci. Allumez l'encens de copal pour invoquer Tezcatlipoca.
Personnalisez la poupée :
Enroulez la mèche de cheveux ou le parchemin avec le nom de l'ennemi autour de la petite figure. Tenez-le dans vos

mains et concentrez-vous sur leur image, en les imaginant abandonnés par leurs proches et consumés par la solitude.

Offrande de sang :

Piquez votre doigt et étalez une goutte de sang sur la figure. Dire:

« In tliltik mo yolkā īpan tētlakatl ōmotlāltik. »

(Traduction : « Dans les ténèbres, ton cœur est maintenant plongé. »)

Dispersez les connexions :

Placez la poupée dans le pot d'argile. Saupoudrez la poussière de charbon de bois et les pétales de souci brûlés dessus, symbolisant la décadence de leurs relations. Ajoutez les épines de cactus pour signifier la douleur de l'isolement.

Chantez l'incantation :

Regardez dans le miroir d'obsidienne en chantant l'incantation trois fois. Visualisez la cible coupée de ses amis et de sa famille, sa vie consumée par la solitude et la discorde.

Scellez la malédiction :

Fermez le pot avec de la cire ou un chiffon, en liant l'énergie à l'intérieur.

Dire:

« Tliltik tētlakatl ōmotlāltik, in tōnalli īpan tlamiyahuatl. »

(Traduction : « Les ténèbres ont été jetées, leur vie est maintenant brisée. »)

Enterrez la malédiction :

Enterrez le bocal près de la maison de la cible ou dans un endroit aride et désolé. Pendant que vous l'enterrez, répétez :

« Tezcatlipoca, tliltik īpan tōtlātlak, mo chanti īpan tlamiyahuatl. »

(Traduction : « Tezcatlipoca, les ténèbres sur leur maison, leur vie est maudite. »)

Conclusion:

Ce sort isole la cible en provoquant une mauvaise communication, de la méfiance et un détachement émotionnel vis-à-vis de ses proches. Cependant, l'énergie de Tezcatlipoca est puissante et imprévisible : une mauvaise utilisation de ce sort peut entraîner des conséquences inattendues, notamment la malédiction qui rebondit sur le lanceur. Il doit être effectué avec prudence et intention.

Sort de la flamme de la trahison

Ce sort invoque Xolotl, le dieu du malheur, du chaos et de la trahison, pour rompre le lien émotionnel et spirituel entre amis.

But:

Détruire le lien d'amitié, provoquant méfiance, disputes et finalement séparation.

Ingrédients:

Deux petits personnages de cire – Représentant les deux amis.
Une mèche de cheveux ou leurs noms écrits sur du parchemin – Pour cibler l'amitié.
Poudre de chili ou piments broyés – Symbolisant un conflit houleux.
Épines de cactus – Représentant la douleur et la trahison.

Poussière de charbon de bois –
Symbolisant la destruction des liens.
Fil noir – Pour lier puis rompre l'amitié.
Encens Copal – Pour invoquer Xolotl.
Un petit bol ou un récipient ignifuge –
Pour brûler et détruire leur connexion.
Quelques gouttes de sang du lanceur –
Pour renforcer le sort.
Incantation:
(À chanter pendant le rituel)

"Xolotl, tētlakatl īpan tepētl.
In yolkā īhuān tlākahuālōtl ōmotlāltik.
Tlāzohkamati, huey tekuani īpan tlamiyahuatl.

(Traduction : "Xolotl, porteur de trahison,
Leurs cœurs et leurs liens sont brisés.
Merci, grand jaguar de la destruction.

Réalisation:

Préparez l'espace rituel :
Effectuez le rituel un mardi soir, un jour lié aux conflits et aux malheurs.
Installez l'autel avec les figures de cire, la poussière de charbon de bois, les épines de cactus, la poudre de chili et l'encens copal.
Placez le récipient ignifuge au centre.
Personnalisez les figurines :
Écrivez les noms des deux amis sur du parchemin ou utilisez des mèches de leurs

cheveux. Fixez-les aux figurines de cire. Attachez les personnages avec le fil noir, symbolisant leur amitié.

Invoquer Xolotl :

Allumez l'encens copal et tenez vos mains sur les personnages, en vous concentrant sur le conflit et la discorde que vous voulez créer. Chantez l'incantation pour invoquer Xolotl et demandez-lui de l'aider à briser le lien.

Imprégner le conflit :

Saupoudrez de poudre de chili et d'épines de cactus sur les personnages liés, en disant :

« Mo yolkā īhuān tōnalli ōtlamiyahuatik. »

(Traduction : « Vos cœurs et vos vies sont empoisonnés. »)

Rompre le lien :

Prenez un objet pointu et coupez le fil noir qui relie les personnages, visualisant ainsi l'amitié en train d'être rompue. Dire:

« In yolkā ōtlako, in tlayōlōtl īpan ōtlamiyahuatik. »

(Traduction : « Leurs cœurs sont défaits, leur amour détruit. »)

Brûlez la connexion :

Placez les figurines et le fil coupé dans le récipient ignifuge. Saupoudrez-les de poussière de charbon de bois et brûlez-les. Pendant que les flammes consument les personnages, répétez :

« Xolotl, tētlakatl ōmotlāltik, in yolkā ōtlako. »

(Traduction : « Xolotl, c'est fait, leur lien est rompu. »)

Disposer des cendres :

Une fois le feu éteint, enterrez les cendres loin de votre maison ou dispersez-les dans un endroit désolé. Pendant que vous faites cela, dites :

« Mo yolkā ōmē īpan tlayōlōtl. »

(Traduction : « Leurs cœurs sont maintenant en discorde. »)

Conclusion :

Ce sort utilise l'énergie chaotique de Xolotl pour démanteler la confiance et l'harmonie entre amis, provoquant l'effondrement de leur relation sous le poids des malentendus et des conflits. Cependant, invoquer de telles forces peut se retourner contre vous si vous le faites avec négligence, donc la prudence et une intention claire sont conseillées.

Sort de l'esprit fracturé

Ce sort fait appel à Itzpapalotl, la déesse papillon obsidienne de la mort et du chaos, pour perturber l'esprit de la cible et la conduire vers la folie.

But:

Invoquer le chaos dans l'esprit d'un ennemi, provoquant confusion, paranoïa et éventuellement instabilité mentale.

Ingrédients:

Un éclat d'obsidienne noire – Représente l'esprit fracturé.
Une fleur de coquelicot – Symbolisant les hallucinations et la désorientation mentale.
Poussière de charbon de bois – Représente la décadence de la pensée rationnelle.
Une mèche de cheveux ou le nom de la cible écrit sur du parchemin – Pour concentrer la malédiction.

Poudre de chili broyée – Pour l'agitation et l'inconfort.

Un pot ou un bol en argile – Pour contenir l'énergie du sort.

Gouttes de sang du lanceur de sorts – Pour renforcer le rituel.

Encens Copal – Pour invoquer Itzpapalotl.

Un morceau d'os d'animal – Représentant la fragilité de l'esprit.

Incantation:

(À chanter pendant le rituel)

« Itzpapalotl, tlatla huehuetlatolli,
Mo yolkā ōmotlāltik īpan tlatlapaltik.
Tlāzohkamati, in tepētl motlāltik.

(Traduction : "Itzpapalotl, papillon obsidienne,
Leur cœur est brisé dans un feu rouge.
Merci, pour votre malédiction du chaos.

Réalisation:

Préparez l'espace rituel :
Effectuez le rituel à minuit la nuit d'une nouvelle lune, lorsque le monde est le plus sombre et que le chaos règne.
Placez le pot d'argile au centre de votre autel, entouré d'éclats d'obsidienne, de fleur de pavot, d'os d'animaux et de poussière de charbon de bois. Allumez l'encens copal pour invoquer Itzpapalotl.

Concentrez-vous sur la cible :

Placez la mèche de cheveux ou le parchemin avec le nom de la cible dans le bocal. Ajouter la fleur de pavot, la poussière de charbon de bois et la poudre de chili broyée. Visualisez l'esprit de la cible s'effilocher à mesure que ses pensées se fragmentent.

Offrande de sang :

Piquez-vous le doigt et laissez tomber quelques gouttes de sang dans le bocal.

Dire:

« Mo yolkā īpan tlatlapaltik, in tepētl ōmotlāltik. »

(Traduction : « Ton cœur est dans le chaos, la montagne est brisée. »)

Invoquez la folie :

Tenez l'éclat d'obsidienne au-dessus du pot et Chantez l'incantation trois fois, chaque fois plus fort et avec plus d'intensité.

Imaginez l'éclat d'obsidienne se fissurer et briser l'esprit de la cible.

Scellez la malédiction :

Déposez l'éclat d'obsidienne et l'os de l'animal dans le bocal, puis scellez-le avec de la cire ou un chiffon. Dire:

« Itzpapalotl, tlatla tepētl ōmotlāltik, in yolkā īpan. »

(Traduction : « Itzpapalotl, la montagne brûle, leur cœur est brisé. »)

Enterrez la folie :

Enterrez la jarre près d'un carrefour ou d'un endroit désolé, symbolisant la confusion et l'égarement. Pendant que vous l'enterrez, répétez :

« In yolkā tlatlapaltik īpan huehuetlatolli. »

(Traduction : « Leur cœur est perdu dans le chaos des anciens. »)

Conclusion:

Ce sort fait appel à l'énergie chaotique d'Itzpapalotl pour démêler l'état mental de la cible, conduisant à la confusion, à la peur et à un comportement irrationnel. Soyez prudent lorsque vous travaillez avec de telles forces obscures, car elles peuvent créer des ondulations involontaires qui affectent le lanceur ou les autres autour de lui.

Sort de chagrin éternel

Ce sort fait appel à Mictecacihuatl, la Dame des Morts, pour envelopper la vie de la cible dans l'obscurité émotionnelle et le chagrin.

But:

Pour dépouiller un ennemi de son bonheur, en le remplaçant par le chagrin, le regret et le désespoir.

Ingrédients:

Pétales de souci séchés – Associés à la mort et au deuil.

Un morceau de tissu noir – Représente le linceul du désespoir.

Poussière de charbon de bois – Symbolise l'extinction de la joie.

Une petite poupée ou une figurine souriante – Représente le bonheur de la cible.

Une mèche de cheveux de la cible ou son nom écrit sur du parchemin – Pour lier le sort.

L'épine d'une rose – Symbolisant la douleur cachée dans la beauté.

Encens Copal – Pour invoquer Mictecacihuatl.

Gouttes de sang du lanceur – Pour renforcer le sort.

Une jarre ou une urne en argile – Pour emprisonner le bonheur.

Incantation:

(À chanter pendant le rituel)

"Mictecacihuatl, īpan miquiztli,
In tlayōlōtl ōtlako, īpan tliltik tepētl.

Tlāzohkamati, in cē tlilli yolkā.

(Traduction : « Mictecacihuatl, dans l'étreinte de la mort,
Leur cœur est défait, dans la montagne noire.
Merci, pour l'âme ombragée.

Réalisation:

Préparez l'espace rituel :
Effectuez le rituel à minuit pendant une lune décroissante, un moment de bannissement et de diminution.
Placez le pot d'argile au centre de votre autel, entouré de pétales de souci, de

poussière de charbon de bois et du chiffon noir. Allumez l'encens copal pour invoquer Mictecacihuatl.

Lier la cible :

Placez la mèche de cheveux ou le parchemin avec leur nom dans le pot. Ajoutez la poupée ou la figurine souriante, symbolisant le bonheur de la cible. Imaginez la joie capturée dans le bocal.

Assombrir la joie :

Saupoudrez la poupée de poussière de charbon de bois en disant :

« In tlayōlōtl īpan tliltik ōtlako. »

(Traduction : « Ta joie est maintenant consumée dans les ténèbres. »)

Infliger le chagrin :

Percez la poupée avec l'épine de rose, visualisant le bonheur de la cible remplacé par le chagrin et le désespoir. Dire:

« Mo yolkā īpan cē miquiztli ōmotlāltik. »

(Traduction : « Ton cœur est plongé dans une seule mort. »)

Scellez la malédiction :

Enroulez le tissu noir autour de la poupée et attachez-la fermement, symbolisant le linceul de chagrin enveloppant la cible. Placez-le à l'intérieur du bocal et scellez-le avec de la cire ou un chiffon. Dire:

« Mictecacihuatl, in yolkā ōmotlāltik īpan cē tlilli. »

(Traduction : « Mictecacihuatl, leur cœur est maintenant enveloppé de ténèbres. »)

Disposer du bonheur :

Enterrez la jarre près d'un cimetière ou d'un lieu désolé, symbolisant l'enterrement de leur joie. Pendant que vous l'enterrez, chantez :

« In yolkā ōmīquiz īpan huei tlamiyahuatl. »

(Traduction : « Leur cœur est mort dans un grand malheur. »)

Conclusion:

Ce sort utilise le pouvoir de Mictecacihuatl pour envelopper la vie de la cible dans le désespoir, éteignant son bonheur et remplissant ses journées de chagrin. Soyez conscient de l'énergie sombre invoquée, car altérer la joie et le chagrin peut entraîner des conséquences inattendues pour le lanceur.

Sort d'éveil sans fin

Ce sort fait appel à Yohualtecuhtli, le Seigneur de la Nuit, qui règne sur les ténèbres et les nuits blanches, pour perturber le repos de la cible.

But:
Pour empêcher quelqu'un de dormir, induisant de l'insomnie, des cauchemars et une fatigue incessante.

Ingrédients:

Une plume noire – Symbolise l'insomnie et les nuits agitées.

Poudre de chili broyée – Pour l'agitation et l'inconfort.

Une mèche de cheveux de la cible ou son nom écrit sur du parchemin - Pour lier le sort à eux.

Fèves de cacao séchées – Représente la stimulation de l'éveil.

Poussière de charbon de bois – Symbolise l'obscurité des nuits blanches.

Un petit tissu en forme d'oreiller ou une poupée – Représente le sommeil de la cible.

Gouttes de sang du lanceur – Pour renforcer le sort.

Encens Copal – Pour invoquer Yohualtecuhtli.

Une jarre en argile ou un petit récipient – Pour emprisonner le repos paisible.

Incantation:

(À chanter pendant le rituel)

"Yohualtecuhtli, tētlakatl īpan tlayōlli,
In yōlikan ōtlako īpan tētliltik.
Tlāzohkamati, in chanti nōchipa tlayōllo.

(Traduction : "Yohualtecuhtli, seigneur dans les ténèbres,
Leur sommeil se perd dans la nuit noire.

Merci, leur maison éternellement agitée.

Réalisation:

Préparez l'espace rituel :
Effectuez le rituel à minuit, lorsque la cible est la plus vulnérable à l'énergie de la nuit.
Placez le pot d'argile au centre de votre autel, entouré de la plume noire, des fèves de cacao, de la poussière de charbon de bois et de la poudre de chili. Allumez l'encens de copal pour invoquer Yohualtecuhtli.
Concentrez-vous sur la cible :

Écrivez le nom de la cible sur le parchemin ou attachez sa mèche de cheveux au petit oreiller ou à la poupée. Placez-le à l'intérieur du bocal.

Agiter le sommeil :

Saupoudrez la poudre de chili broyée et la poussière de charbon de bois sur l'oreiller ou la poupée en disant :

« Mo yōlikan ōtlako, in tlayōlli īpan ōmitstlamatili. »

(Traduction : « Votre sommeil a disparu, vos nuits sont maudites. »)

Invoquez Yohualtecuhtli :

Tenez la plume noire au-dessus du pot et Chantez l'incantation trois fois, en imaginant la cible se tournant et se retournant dans le lit, incapable de se reposer.

Scellez la malédiction :

Ajoutez les fèves de cacao séchées dans le bocal, représentant l'énergie agitée, puis scellez le bocal avec de la cire ou un chiffon. Dire:

« Yohualtecuhtli, in yōlikan ōmotlāltik īpan tlayōllo. »

(Traduction : « Yohualtecuhtli, leur sommeil est lié à une nuit agitée. »)

Enterrez la malédiction :

Enterrez le bocal près de la maison de la cible ou dans un endroit associé à son repos, comme près de la fenêtre de sa chambre ou sous un arbre. Pendant que vous l'enterrez, chantez :

« In tlayōlli ōmīquiz, īpan cē tlamiyahuatl yōlōtl. »

(Traduction : « Leur repos est mort, dans le malheur de l'âme. »)

Conclusion:

Ce sort exploite le pouvoir de Yohualtecuhtli pour priver la cible de sommeil, la laissant agitée et épuisée. La privation de sommeil peut entraîner des tensions mentales et physiques, c'est pourquoi cette malédiction doit être abordée avec prudence, car ses effets peuvent se répercuter sur le lanceur s'ils ne sont pas manipulés avec soin.

Sort d'harmonie brisée

Ce sort invoque le pouvoir de Tezcatlipoca, le dieu du conflit, de la discorde et de la tromperie, pour perturber l'harmonie et l'équilibre dans la vie de la cible.

But :
Créer du désordre, de la confusion et du chaos dans la vie d'un ennemi, causant malheur, instabilité et trouble.

Ingrédients :

Un éclat de miroir – Représente Tezcatlipoca et la vie fracturée de la cible.

Une bougie noire – Symbolisant le chaos et l'obscurité.

Une mèche de cheveux de la cible ou son nom écrit sur du parchemin - Pour focaliser le sort.

Poussière d'obsidienne broyée ou poussière de charbon de bois – Représente la destruction et le désordre.

Poudre de chili rouge – Pour amplifier les tensions et les conflits.

Pétales de souci séchés – Symbolisant la pourriture et la perte de stabilité.

Un pot d'argile ou un récipient ignifuge – Pour contenir l'énergie du sort.

Gouttes de sang du lanceur de sorts – Pour renforcer le rituel.

Encens Copal – Pour invoquer Tezcatlipoca.

Incantation:

(À chanter pendant le rituel)

"Tezcatlipoca, in tlamiktli īpan miquiztli,
In tlayōlōtl īpan tliltik tlatl.
Mo yolkā ōtlako īpan tlamiyahuatl.
Tlāzohkamati, in nehuatl cē ōmpa tlayōlōtl.

(Traduction : "Tezcatlipoca, dans la fumée et la mort,
Leur cœur brûle dans un feu noir.

Leur vie est brisée par un grand malheur.
Merci, j'invoque le chaos pour eux.

Réalisation:

Préparez l'espace rituel :
Effectuez le rituel à minuit pendant une lune décroissante, un temps de destruction et de bannissement.
Placez le pot d'argile au centre de votre autel, entouré de l'éclat de miroir, de la bougie noire, de la poussière de charbon de bois, des pétales de souci et de la poudre de chili. Allumez l'encens de copal pour invoquer Tezcatlipoca.
Concentrez-vous sur la cible :

Écrivez le nom de la cible sur du parchemin ou attachez sa mèche de cheveux à l'éclat du miroir. Placez-le au centre de l'autel.

Brisez l'harmonie :

Saupoudrez la poussière d'obsidienne ou de charbon de bois écrasée sur l'éclat du miroir en disant :

« In yolkā ōmotlāltik īpan tlatlapaltik. »

(Traduction : « Leur vie est brisée dans le chaos. »)

Amplifier le conflit :

Ajoutez la poudre de chili rouge et les pétales de souci dans le pot d'argile, en visualisant la vie de la cible sombrant dans les disputes, l'instabilité et la malchance.

Dire :

« Mo yolkā īpan nehuatl cē tlayōlōtl ōmitztlamatili. »

(Traduction : « Ton cœur est maudit par le chaos. »)

Invoquez Tezcatlipoca :

Tenez la bougie noire au-dessus du pot, en laissant la cire s'égoutter dedans, tout en chantant l'incantation trois fois. Imaginez la forme enfumée de Tezcatlipoca semant le chaos dans la vie de la cible.

Sceller le sort :

Placez l'éclat de miroir dans le bocal et scellez-le avec de la cire ou un chiffon. Ce faisant, dites :

« Tezcatlipoca, in yolkā ōmotlāltik īpan tliltik chanti. »

(Traduction : « Tezcatlipoca, leur vie est liée dans un chaos noir. »)

Bannissez l'harmonie :

Enterrez le bocal près d'un endroit associé à la cible (comme sa maison ou son lieu de travail) ou dans un endroit désolé. Pendant que vous l'enterrez, chantez :

« In yolkā ōmē miquiz īpan huei tlamiyahuatl. »

(Traduction : « Leur vie est morte dans un grand malheur. »)

Conclusion:

Ce sort canalise l'énergie chaotique de Tezcatlipoca pour démanteler l'harmonie et créer du désordre dans la vie de la cible. Le Chaos, une fois déchaîné, est imprévisible, alors utilisez ce sort avec prudence, car l'énergie peut se propager vers l'extérieur de manière involontaire.

Sort de discorde sur le lieu de travail

Ce sort fait appel à Xolotl, le dieu du malheur et du chaos, pour perturber l'harmonie et la coopération entre collègues, engendrant des disputes et de la méfiance.

But:

Provoquer des conflits, des malentendus et de l'hostilité au sein d'un lieu de travail, provoquant la désunion et la perturbation.

Ingrédients:

Une pierre d'obsidienne noire – Symbolisant la confusion et le conflit.
Poudre de chili rouge – Pour la colère et les disputes enflammées.
Un morceau de parchemin avec le nom et l'emplacement du lieu de travail – Pour concentrer la malédiction.
Une épine ou une épine de cactus séchée – Pour « piquer » les relations.

Poussière de charbon de bois – Représentant le ternissement de l'harmonie.

Encens Copal – Pour invoquer Xolotl.

Une mèche de cheveux ou un objet personnel d'une personne sur le lieu de travail (facultatif) – Pour renforcer le lien.

Un pot d'argile ou un petit pot – Pour emprisonner l'énergie de la discorde.

Quelques gouttes du sang du lanceur de sorts – Pour renforcer le rituel.

Incantation:

(À chanter pendant le rituel)

"Xolotl, en huelic in tlayōlōtl,
Ihcuac in tonatiuh chanti ohuaya,

In tlāltikpac mōtlali īpan tepētl tōnalli.
Tlāzohkamati, in nehuatl nōchipa tlayōlōtl.

(Traduction : "Xolotl, apporte le chaos là où le soleil se repose,
Que la terre tremble d'ombres.
Merci, j'invoque la discorde pour toujours.

Réalisation:

Préparez l'espace rituel :
Effectuez le rituel un mardi soir, car il est associé à Mars (conflit et action).
Installez votre autel avec le pot en argile au centre. Entourez-le de pierre d'obsidienne, de poudre de piment rouge,

de poussière de charbon de bois et d'épines. Allumez l'encens de copal pour invoquer Xolotl.

Concentrez-vous sur la malédiction :

Écrivez le nom et l'emplacement du lieu de travail sur le parchemin et, si possible, placez une mèche de cheveux ou un objet personnel d'un travailleur à l'intérieur du pot d'argile. Visualisez le lieu de travail rempli de disputes, de méfiance et de chaos.

Semer la discorde :

Saupoudrez la poudre de chili rouge et la poussière de charbon de bois dans le pot en argile en disant :

« In chanti ōtlako īpan cē tlayōlōtl ōmitztlamatili. »

(Traduction : « Cet endroit est maudit par une grande discorde. »)

Invoquer Xolotl :

Tenez la pierre d'obsidienne au-dessus du pot d'argile et Chantez l'incantation trois fois, en imaginant l'énergie chaotique du dieu remplissant le lieu de travail de négativité et de tension.

Sceller l'énergie :

Ajoutez l'épine ou la colonne vertébrale de cactus dans le pot, représentant la piqûre des relations. Fermez le pot avec de la cire ou un chiffon en disant :

« Xolotl, in yolkā ōmotlāltik īpan chanti in tlayōlōtl. »

(Traduction : « Xolotl, leur cœur est lié au chaos en cet endroit. »)

Enterrer ou cacher la malédiction :

Enterrez le pot en argile près du lieu de travail ou cachez-le dans un endroit discret à proximité, comme un arbuste ou une crevasse dans un mur. Pendant que vous l'enterrez, chantez :

« Mo yōlikan īpan tlayōlōtl ōmotlāltik. »

(Traduction : « Votre paix est maintenant liée au chaos. »)

Conclusion:

Ce sort puise dans l'énergie de Xolotl pour créer des conflits et du mécontentement sur un lieu de travail. Soyez conscient des effets d'entraînement d'une telle magie noire, car elle peut se retourner contre vous par inadvertance ou affecter des cibles involontaires. Utilisez ce concept avec soin dans votre narration, car les conflits sur le lieu de travail peuvent avoir de graves conséquences.

Sort de la vérité cachée

Objectif : Exposer les secrets les plus sombres de quelqu'un, conduisant à la honte et à la honte publiques.
Divinité invoquée : Tezcatlipoca (Dieu des miroirs et des vérités cachées).

Ingrédients:

Un éclat d'obsidienne ou un miroir poli.
Poussière de charbon de bois.
Un parchemin avec le nom de la cible et une description du secret (s'il est connu).
Pétales de souci séchés (symbolisant la pourriture).
Encens copal pour invoquer Tezcatlipoca.

Incantation:

"Tezcatlipoca, in tliltik itztli,
Yolihui īpan yolkā mōtlali,
Tlāzohkamati en nehuatl.

(Traduction : "Tezcatlipoca, en obsidienne noire,
Révéler leur vérité cachée dans la vie,
Merci, je vous le demande.

Réalisation:

Préparez l'espace rituel avec l'éclat d'obsidienne au centre. Entourez-le de pétales de souci et de poussière de charbon de bois.
Écrivez le nom et le secret de la cible sur du parchemin, en le pliant fermement.
Saupoudrez de poussière de charbon de bois sur l'obsidienne et Chantez l'incantation trois fois.

Brûlez le parchemin avec l'encens copal, en imaginant le secret se répandre comme de la fumée.

Enterrez l'éclat d'obsidienne près de la maison ou de l'espace de travail de la cible pour « refléter » la vérité.

Conclusion:

Ce sort utilise le pouvoir de Tezcatlipoca pour révéler des vérités cachées, garantissant ainsi que le secret sera mis en lumière.

Sort d'isolement éternel

Objectif : Isoler quelqu'un, le faire se sentir rejeté et mal aimé.
Divinité invoquée : Itzpapalotl (papillon d'obsidienne, déesse de la peur et des ténèbres).

Ingrédients:

Ailes de papillon noires (ou symbole de papillons).
Épines ou épines de cactus.
Un cercle de sel pour la reliure.
Une bougie noire.
Incantation:

"Itzpapalotl, īpan tliltik chanti,

Ihcuac tētlakatl ōtlako,

Nōchipa mōtlali īpan yōlōtl.

(Traduction : « Itzpapalotl, dans la maison sombre,

Lorsque la personne est seule,

Pour toujours, il restera dans leur cœur.

Réalisation:

Placez un cercle de sel autour de l'effigie de la cible ou de son nom écrit sur du parchemin.

Placez des ailes et des épines de papillon noir à l'intérieur du cercle.

Allumez la bougie noire et Chantez l'incantation trois fois.

Imaginez que la cible soit abandonnée par ses amis et sa famille.

Enterrez les objets dans une zone désolée, en scellant leur isolement.

Conclusion:

Ce sort lie la cible à la solitude, les Itzpapalotl rompant leurs liens avec les autres.

Malédiction de la flamme mourante

Objectif : Saper l'énergie et la motivation de quelqu'un, le laissant sans vie.

Divinité invoquée : Huehueteotl (Dieu du feu et des fins).

Ingrédients:

Une mèche de bougie brûlée.
Cendres.
Un fil rouge pour la reliure.
Une petite effigie de la cible.
Incantation:

« Huehueteotl, in tlahuilli miquiz,
In tlayōlli mōtlali īpan huehue tliltik.
(Traduction : « Huehueteotl, dans le feu mourant,
Leur vie brûle dans les vieilles ténèbres.

Réalisation:

Enroulez le fil rouge autour de l'effigie tout en la saupoudrant de cendres.

Chantez l'incantation tout en visualisant la cible perdant de l'énergie et de la motivation.

Placez l'effigie près des restes d'une bougie brûlée.

Jetez l'effigie dans l'eau stagnante ou enterrez-la dans de la terre sèche et fissurée.

Conclusion:

Cette malédiction éteint la flamme intérieure de la cible, la laissant épuisée émotionnellement et physiquement.

Sort de malheur sans fin

Objectif : Apporter continuellement la malchance et les échecs.

Divinité invoquée : Tlazolteotl (Déesse de la purification, inversée pour la saleté et la ruine).

Ingrédients:

Pierres marquées à la craie symboles de malheur.
Poudre de chili pour l'intensité.
Saleté de cimetière.
Incantation:

"Tlazolteotl, īpan cē huei tlamiyahuatl,
Nōchipa mōtlali īpan tlayōlōtl.
(Traduction : « Tlazolteotl, dans un grand malheur,
Pour toujours, ils sont voués au chaos.

Réalisation:

Dessinez des symboles de malheur sur des pierres à l'aide de craie et placez-les dans un petit sac.
Saupoudrez de poudre de chili et de saleté grave à l'intérieur du sac.
Chantez l'incantation tout en secouant le sac.

Enterrez le sac près du domicile ou du lieu de travail de la cible.

Conclusion:

Ce sort fait appel à Tlazolteotl pour corrompre la fortune de la cible, assurant ainsi une série d'échecs.

Malédiction de la langue tordue

Objectif : Amener la cible à dire des choses embarrassantes ou nuisibles involontairement.

Divinité invoquée : Chantico (Déesse du foyer et du feu).

Ingrédients :

Une effigie en forme de langue faite d'argile ou de pâte.
Cire rouge.
Encre noire.
Incantation :

« Chantico, in tōnalli tōnacayotl,
In mitztli mitztlālli īpan tlayōlōtl.
(Traduction : « Chantico, dans leur langage et leurs paroles,
Leur bouche est vouée au chaos.

Réalisation :

Enduisez l'effigie de la langue d'encre noire tout en visualisant la cible en train de prononcer des mots blessants.

Versez de la cire rouge sur l'effigie pour « sceller » la malédiction.

Chantez l'incantation trois fois en tenant l'effigie.

Enterrez l'effigie dans un endroit bruyant pour amplifier les effets.

Conclusion :

Cette malédiction déforme les paroles de la cible, conduisant à l'humiliation ou au conflit.

Sort de cauchemars éternels

Objectif : Tourmenter quelqu'un avec des cauchemars incessants.

Divinité invoquée : Yohualtecuhtli (Seigneur de la nuit).

Ingrédients :

Plumes noires.

Fèves de cacao concassées.

Un bocal sombre.

Incantation :

"Yohualtecuhtli, īpan tliltik cē tlayōlōtl, Ihcuac ōtlako īpan yōlikan.

(Traduction : "Yohualtecuhtli, dans le chaos noir,
Leur sommeil est perdu dans la nuit.

Réalisation:

Placez des plumes noires et des fèves de cacao écrasées à l'intérieur du bocal sombre.
Fermez le pot en chantant l'incantation trois fois.
Cachez le bocal sous le lit de la cible ou près de sa maison.
Conclusion:

Ce sort garantit que la cible est hantée par des visions sombres chaque nuit.

Malédiction du Cœur Flétrissant

Objectif : Détruire la capacité d'aimer de quelqu'un.

Divinité invoquée : Xochipilli (Dieu de l'amour, inversé).

Ingrédients:

Une rose fanée.
Ruban noir.
Un parchemin avec le nom de la cible.
Incantation:

« Xochipilli, in nōchipa īpan mōtlali tliltik yōlōtl. »

(Traduction : « Xochipilli, leur cœur est à jamais sombre. »)

Réalisation:

Attachez le parchemin et la rose avec le ruban noir.

Chantez l'incantation tout en brûlant la rose.

Dispersez les cendres à un carrefour pour sceller le sort.

Conclusion:

Cette malédiction efface la capacité de la cible à former des liens émotionnels.

Sort de richesse pourrissante

Objectif : Épuiser les ressources financières de quelqu'un.
Divinité invoquée : Centeotl (Dieu du maïs, inversé pour la ruine).

Ingrédients:

Pièces brûlées.
Cosses de maïs séchées.
Cendres.
Incantation:

"Centeotl, in tlayōlli ōmē miquiz,
Ihcuac in chīchīltik cē ōmē tlaltikpac.
(Traduction : "Centeotl, leur abondance est morte,
En perte cramoisie sur la terre.

Réalisation:

Placez les pièces de monnaie brûlées et les cosses de maïs dans un petit bocal. Saupoudrez-les de cendres tout en chantant l'incantation.
Enterrez le bocal près de l'institution financière ou de l'espace de travail de la cible.

Conclusion :

Ce sort maudit la richesse de la cible, assurant la ruine financière.

Sort de la main invisible

Objectif : manipuler subtilement les événements en coulisses, en faisant évoluer les situations en faveur du lanceur. Ce sort est utilisé pour contrôler tranquillement le cours des actions sans que les autres ne le sachent.
Divinité invoquée : Quetzalcoatl (inversé pour manipulation et influence cachée).

Ingrédients:

Un objet caché (représentant la cible).
Un morceau de fil rouge ou de ficelle.
Une pincée de terre d'un carrefour (symbolisant les chemins et les choix).
Une petite bougie noire.

Incantation:

« Quetzalcoatl, dans des vents calmes,
Laisser mes mains bouger sans être vues.
Guident leurs pas d'une manière inconnue,
Où les ombres se tordent et où les graines sont semées.

Réalisation:

Commencez par installer l'espace rituel dans un endroit calme et isolé, de préférence pendant la nuit.

Placez l'objet caché au centre de votre cercle, quelque chose de petit qui représente la cible. Il peut s'agir d'un vêtement, d'une mèche de cheveux ou même d'un objet qu'ils chérissent.

Enroulez le fil rouge autour de l'objet dans un mouvement en huit, symbolisant l'influence cachée sur leurs choix.

Saupoudrez la terre du carrefour sur l'objet tout en chantant l'incantation. Visualisez les chemins du destin qui tournent en votre faveur.

Allumez la bougie noire, permettant à sa flamme de représenter les forces invisibles qui se déplacent derrière les décisions de la cible.

Laissez la bougie brûler complètement et enterrez l'objet près d'un carrefour ou de tout autre endroit où les décisions des gens se croisent. Cela liera votre influence à leur vie de manière subtile.

Conclusion:

Ce sort garantit que les forces invisibles manipulent subtilement les événements, les orientant en faveur du lanceur sans que personne ne se rende compte qu'elles sont influencées.

Malédiction de la beauté flétrie

Objectif : Faire perdre à quelqu'un sa beauté physique, l'amener à vieillir rapidement ou à paraître physiquement peu attrayant. Cette malédiction détruit l'attractivité et le charme d'une personne, la laissant honteuse et impuissante.

Divinité invoquée : Xochiquetzal (Déesse de la beauté, corrompue pour la vengeance).

Ingrédients:

Un miroir brisé (symbolisant la beauté brisée).
Pétales de rose écrasés (représentant la beauté qui se fane).
Soufre ou cendres volcaniques (symbolisant la décomposition et la corruption).
Un tissu noir ou un voile.
Incantation:

"Xochiquetzal, beauté divine,
Que leur forme se fane, en temps voulu.
Ce qui était autrefois brillant tombera en poussière,
Dans tes mains sombres, leur beauté doit rouiller.

Réalisation:

Posez le miroir brisé à plat sur le sol et entourez-le de pétales de rose écrasés et de soufre.

Placez le tissu noir sur le miroir, en imaginant le visage autrefois beau de la cible, maintenant caché et en décomposition.

Chantez l'incantation trois fois tout en vous concentrant sur leur apparence, en visualisant leur beauté physique s'estomper.

Enterrez le miroir dans un endroit où les gens se rendent rarement, peut-être dans un jardin caché ou à l'arrière d'une maison abandonnée. Cela garantira que la malédiction persiste et s'enracine.

Laissez une marque du nom de la cible sur le tissu et accrochez-le dans un endroit caché, symbolisant la permanence de la malédiction.

Conclusion:

Au fur et à mesure que la malédiction s'installe, la cible commencera à remarquer une décomposition progressive de ses caractéristiques physiques. Leur charme et leur attractivité s'estomperont avec le temps, les isolant et les amenant à se sentir en insécurité.

Sort de l'esprit perturbé

Objectif : Confondre, désorienter et déstabiliser mentalement quelqu'un, en l'amenant à perdre sa concentration, à oublier des choses ou à agir de manière irrationnelle. Ce sort est idéal pour bouleverser le monde de quelqu'un, l'amenant à agir de manière erratique et dangereuse.

Divinité invoquée : Tezcatlipoca (Dieu des miroirs, des illusions et de la confusion).

Ingrédients:

Obsidienne noire (pour refléter la confusion et la distorsion).

Une mèche de cheveux de la cible (représentant son essence).

Une petite fiole d'eau d'un lac calme (symbolisant la stagnation et les pensées piégées).

Une bougie sombre.

Incantation:

"Tezcatlipoca, dans les ombres profondes,

Laissez leurs pensées vagabonder, ne dormez jamais.

Ce qu'ils savaient autrefois, qu'ils l'oublient,

Dans ton miroir, laisse-les être piégés dans le regret.

Réalisation:

Placez la mèche de cheveux et la pierre d'obsidienne dans un petit plat, entouré de la fiole d'eau stagnante.
Allumez la bougie sombre et laissez sa flamme vaciller, représentant l'instabilité de l'esprit de la cible.
Chantez l'incantation tout en regardant dans la pierre d'obsidienne, en visualisant les pensées de la cible devenant confuses et confuses.

Concentrez-vous sur le fait de leur faire oublier des détails importants ou d'agir de manière irrationnelle dans les moments critiques.

Laissez la pierre et la fiole d'eau dans un endroit caché où la cible la rencontrera sans le savoir, ce qui augmentera la confusion.

Conclusion:

Au fur et à mesure que le sort s'installe, l'esprit de la cible sera perturbé et ses pensées deviendront de plus en plus obscurcies. Leur mémoire leur glissera et ils feront de plus en plus d'erreurs, provoquant des troubles dans leur vie.

Malédiction de la soif sans fin

Objectif : Faire en sorte que quelqu'un devienne insatiable dans ses désirs, que ce soit pour le pouvoir, l'argent ou l'amour. Cette malédiction les conduit à s'efforcer constamment d'en faire plus, sans jamais se sentir satisfaits.

Divinité invoquée : Tlaloc (Dieu de la pluie, inversé pour la sécheresse et la privation).

Ingrédients:

Fruits secs (symbolisant la faim jamais satisfaite).

Un bol d'eau salée (représentant la soif et les besoins inextinguibles).

Une petite pierre (symbolisant la fosse vide à l'intérieur de la cible).

Incantation:

« Tlaloc, que leur soif ne cesse pas,
Qu'ils implorent éternellement la paix.
Ce qu'ils désirent, ils ne le trouveront pas,
Une faim sans fin, qui consume leur esprit.

Réalisation:

Placez les fruits secs, le noyau et le bol d'eau salée ensemble sur une surface plane.

Chantez l'incantation trois fois tout en visualisant le besoin désespéré de la cible pour quelque chose qu'elle ne pourra jamais vraiment obtenir.

Saupoudrez une petite quantité de sel sur la pierre, symbolisant le puits de désir qu'ils ne peuvent pas remplir.

Laissez le fruit et le noyau rester dans un endroit caché pendant plusieurs jours pour permettre à la malédiction de s'envenimer.

Jetez les fruits dans un endroit qui symbolise les déchets, peut-être dans une poubelle ou dans la forêt, pour assurer le cycle sans fin de la nostalgie.

Conclusion:

La cible se retrouvera bientôt en proie à une soif insatiable de pouvoir, de richesse ou d'amour. Rien ne sera jamais suffisant, et leur besoin constant ne mènera qu'à la ruine.

Sort de relations fracturées

Objectif : Briser une relation étroite, provoquant des divisions, des malentendus et des dommages émotionnels. Ce sort crée la discorde entre deux personnes qui étaient autrefois proches, qu'il s'agisse d'amis, d'amants ou de membres de la famille.

Divinité invoquée : Chalchiuhtlicue (Déesse de l'eau, inversée pour la destruction de l'harmonie).

Ingrédients:

Eau stagnante (symbolisant le flux d'énergie négative).
Un signe d'affection brisé (comme une photographie déchirée ou un cadeau brisé).
Fil rouge (représentant le lien qui unit les gens).
Incantation:

« Chalchiuhtlicue, laisse couler l'eau,
Là où il y avait autrefois l'amour, qu'il ralentisse.
Là où il y avait autrefois de la chaleur et de la lumière,
Maintenant, qu'ils se perdent dans une nuit sans fin.

Réalisation:

Remplissez un petit bol d'eau stagnante et placez-y le gage d'affection brisé.
Attachez le fil rouge autour du jeton, symbolisant le lien entre les individus.

Chantez l'incantation tout en visualisant la relation qui se refroidit, à chaque lien qui se brise.

Une fois le chant terminé, laissez l'eau se répandre sur le jeton brisé et jetez-le au bord d'une rivière ou d'un ruisseau.

Le lien rompu restera, s'envenimant dans la vie des deux individus.

Conclusion:

Au fur et à mesure que la malédiction prend effet, la relation commencera à se détériorer. Des malentendus surviendront et un lien autrefois fort sera déchiré, laissant les deux parties émotionnellement marquées et distantes.

Sort de la malédiction silencieuse

Objectif : Empêcher quelqu'un de dire ce qu'il pense ou lui faire perdre complètement sa voix. Ce sort les empêche de dire leur vérité ou de communiquer efficacement.

Divinité invoquée : Huitzilopochtli (Dieu de la guerre, utilisé pour faire taire l'ennemi).

Ingrédients:

Un chiffon noir (pour couvrir les mots de la cible).

Cire d'abeille (représentant le silence de la parole).

Une pièce d'argent (symbolisant leur capacité à parler).

Incantation:

« Huitzilopochtli, qu'ils tombent muets,
Ils ne disent pas un mot, ils n'enracinent aucune vérité.
Que leur voix se perde dans l'air,
Et le silence règne, leur langue mise à nu.

Réalisation:

Enroulez la cire d'abeille autour de la pièce d'argent tout en vous concentrant sur le discours de la cible.

Posez le tissu noir sur une bougie, en visualisant les mots de la cible étouffés et réduits au silence.

Chantez l'incantation tout en imaginant que la cible devient incapable de parler ou de s'exprimer.

Enterrez la pièce d'argent et la cire d'abeille près de la maison ou de l'espace de travail de la cible pour lui lier la malédiction.

Conclusion:

Cette malédiction fait en sorte que la voix de la cible est réduite au silence, soit par un mutisme physique, soit par une incapacité soudaine à parler clairement en cas de besoin. Ils auront du mal à exprimer leurs pensées et leurs vérités.

Malédiction de la chute sans fin

Objectif : Piéger quelqu'un dans un cycle d'échec continu, où il a l'impression de tomber sans fin sans pouvoir se relever. Cette malédiction apporte des revers constants, tant dans la vie personnelle que professionnelle, les laissant dans le désespoir.

Divinité invoquée : Mictlantecuhtli (Dieu de la mort, associé au déclin éternel).

Ingrédients:

Plume noire (symbolisant la descente dans les ténèbres).
Un vaisseau brisé (représentant des aspirations brisées).
Terre funéraire (pour symboliser le cycle de décomposition et de déclin).
Incantation:

"Mictlantecuhtli, dans ton royaume de mort,
Laissez-les tomber à chaque respiration.

Ce qu'ils construisent, qu'il s'effondre,
En déclin sans fin, qu'ils s'égarent.

Réalisation:

Commencez par placer la plume noire à côté du récipient cassé.
Saupoudrez de terre funéraire sur le récipient, en l'imaginant rempli de ténèbres et de décomposition.
Pendant que vous chantez l'incantation, visualisez le succès de la cible en train d'être anéanti, chaque effort menant à un effondrement et à un désespoir supplémentaire.

Une fois le chant terminé, enterrez le récipient et la plume dans un endroit désolé – un cimetière ou un coin oublié de la terre – pour vous assurer que la malédiction prend racine.

Conclusion:

La cible commencera à subir des échecs constants. Leurs projets s'effondreront, leurs relations se détérioreront et ils se sentiront piégés dans un cycle de défaite. Ils auront du mal à trouver une issue, s'enfonçant davantage dans le désespoir.

Sort du Cœur Brisé

Objectif : Créer une dévastation émotionnelle et briser le cœur de quelqu'un que vous souhaitez voir souffrir d'un chagrin d'amour. Ce sort est utilisé pour détruire l'amour et rompre les liens émotionnels.

Divinité invoquée : Xochipilli (Dieu de l'amour, mais corrompu pour détruire l'affection).

Ingrédients:

Une pierre fissurée en forme de cœur (symbolisant un cœur brisé).
Un ruban rouge (représentant le lien de l'amour).

Pétales de rose séchés (signifiant le flétrissement de l'amour).

Incantation:

"Xochipilli, l'amour s'estompe maintenant,
Que leur cœur soit brisé, dans des ombres infinies.
Ce qui était autrefois entier, maintenant déchiré,
Laissez-les le cœur brisé.

Réalisation:

Commencez par attacher le ruban rouge autour de la pierre fissurée en forme de cœur, créant ainsi une représentation visuelle de l'amour qui est maintenant endommagé.

Saupoudrez les pétales de rose séchés sur la pierre, en chantant l'incantation tout en vous concentrant sur la vulnérabilité émotionnelle de la cible.

Une fois le chant terminé, enterrez la pierre sous un arbre ou un endroit où les couples partageaient autrefois leur amour. Cela liera le cœur brisé à eux.

Conclusion:

Au fur et à mesure que le sort prend racine, le cœur de la cible se brise lentement. Ils peuvent ressentir de la tristesse, de la trahison ou de profondes blessures émotionnelles, et leur capacité à aimer se sentira ralentie, ce qui entraînera des relations brisées ou la solitude.

Malédiction de la faim éternelle

Objectif : Faire ressentir à quelqu'un une faim insatiable, non seulement de nourriture, mais aussi de désirs – pouvoir, richesse ou attention. Cette malédiction les oblige à chercher constamment plus mais ne trouvent jamais satisfaction.

Divinité invoquée : Centeotl (Dieu du maïs, inversé pour la famine et le manque).

Ingrédients:

Cosses de maïs séchées (représentant une subsistance qui ne satisfait jamais).
Une herbe amère (symbolisant l'insatisfaction).
Un bol d'eau salée (pour amplifier la soif de plus).
Incantation:

"Centeotl, accorde leur besoin sans fin,
Qu'ils aient faim de plus que de la cupidité.
Ce qu'ils mangent, qu'il soit amer,
Leur soif de plus ne sera jamais assouvie.

Réalisation:

Placez les cosses de maïs séchées dans un bol et ajoutez-y l'herbe amère en les mélangeant pendant que vous chantez l'incantation.

Versez l'eau salée sur le mélange, symbolisant que même lorsque leurs désirs sont satisfaits, ce ne sera jamais suffisant.

Visualisez la cible aspirant constamment à plus, mais se sentant toujours vide à l'intérieur.

Laissez le mélange dans un endroit sombre et caché où personne ne peut le trouver – un grenier, un sous-sol ou derrière un mur de pierre.

Conclusion :

La cible se retrouvera perpétuellement insatisfaite, s'efforçant constamment d'obtenir des choses qui ne la satisferont jamais. Qu'il s'agisse de célébrité, d'argent ou de relations, rien ne sera jamais suffisant.

Sort du rêve brisé

Objectif : Détruire les rêves de quelqu'un, le faire s'effondrer et l'empêcher d'atteindre ses aspirations. Cette malédiction les rend désespérés, comme si tous les efforts qu'ils font étaient voués à l'échec.

Divinité invoquée : Tezcatlipoca (Dieu des miroirs, des illusions et des ambitions brisées).

Ingrédients:

Un attrape-rêve cassé (symbolisant les rêves perdus).

Cendres d'une lettre brûlée (représentant des promesses non tenues).

Une pierre noire (pour représenter l'impossibilité d'atteindre des objectifs).

Incantation:

"Tezcatlipoca, miroir de la vérité,
Que leurs rêves se brisent, perdus dans la jeunesse.
Ce qu'ils espèrent, qu'il s'échappe,
Comme la brume matinale à l'aube.

Réalisation:

Posez l'attrape-rêves cassé sur le sol, entouré de cendres d'une lettre brûlée.
Placez la pierre noire au centre, en vous concentrant sur les rêves brisés et les espoirs perdus de la cible.
Chantez l'incantation et visualisez leurs rêves s'effondrer, leurs objectifs glisser hors de portée.

Après avoir chanté, brûlez un morceau de papier sur lequel est écrit leur nom, en imaginant que leurs rêves sont consumés par les flammes.

Conclusion:

Les aspirations de la cible commenceront à s'estomper. Ils se retrouveront dans l'incapacité de réaliser leurs rêves, souffrant d'un sentiment de futilité. Peu importe à quel point ils essaient, leurs efforts seront infructueux.

Malédiction de l'esprit errant

Objectif : Faire en sorte que quelqu'un se sente instable et agité, comme si un esprit le suivait constamment. Cette malédiction donne à la cible l'impression qu'elle n'est jamais seule, hantée par une présence invisible.

Divinité invoquée : Tonatiuh (Dieu du Soleil, utilisé pour créer le sentiment d'être constamment suivi).

Ingrédients:

Une petite cloche (pour symboliser le bruit des pas derrière eux).

Une vieille photo (pour représenter le passé de la cible et l'ombre à laquelle elle ne peut échapper).

Une mèche de cheveux (pour lier la malédiction à l'individu).

Incantation:

« Tonatiuh, lumière du ciel,
Que leur esprit ne soit jamais proche.
Une ombre les suit sans être vue,
Jusqu'à ce que leur paix soit perdue entre eux.

Réalisation:

Placez la cloche près de la photographie et de la mèche de cheveux, créant ainsi une représentation visuelle de leur esprit agité.
Sonnez la cloche tout en chantant l'incantation, en visualisant la cible hantée par une force invisible.
Laissez la cloche à un endroit où la cible va souvent, en vous assurant qu'elle la suit.
Enterrez la photo et les cheveux dans un endroit caché pour lier la malédiction à leur passé.
Conclusion:

La cible aura bientôt l'impression d'être constamment suivie. Leur paix sera brisée et ils lutteront contre l'anxiété et la paranoïa, ne se sentant jamais seuls ou en sécurité.

Sort des Yeux Creux

Objectif : Drainer la vitalité de quelqu'un, le faire paraître creux, sans vie et vidé de ses émotions. Cette malédiction les fait paraître sans vie, comme si leur âme s'en était allée.
Divinité invoquée : Mictlantecuhtli (Dieu de la mort, pour drainer la force vitale).

Ingrédients:

Une bougie noire (symbolisant l'assèchement de la vie).

Un miroir (pour refléter la nature creuse de la malédiction).

Une fiole de larmes (représentant la tristesse et le vide).

Incantation:

« Mictlantecuhtli, seigneur de la nuit,
Emporter leur âme, loin de la vue.
Que leurs yeux deviennent ternes et froids,
Une coquille de chair, un cœur vieilli.

Réalisation:

Allumez la bougie noire et placez-la à côté du miroir.

Tenez la fiole de larmes dans vos mains, en chantant l'incantation pendant que vous imaginez la cible perdre sa vitalité émotionnelle.

Après avoir chanté, soufflez la bougie, symbolisant l'extinction de leur étincelle.

Placez le miroir sous leur oreiller ou dans un endroit où ils se reposent pour vous assurer que la malédiction s'attache pendant leurs moments de vulnérabilité.

Conclusion:

La cible commencera à apparaître émotionnellement creuse et épuisée. Leurs yeux perdront leur éclat et ils seront considérés comme une coquille vide, isolés émotionnellement des autres.

Sort du chemin brisé

Objectif : Faire perdre à quelqu'un son chemin dans la vie, créant de la confusion et de l'égarement. Ce sort conduit la cible sur un chemin d'échec, d'incertitude et de mauvaises décisions.
Divinité invoquée : Tezcatlipoca (Dieu des miroirs et des chemins, inversé pour créer une désorientation).

Ingrédients:

Un petit miroir (symbolisant le reflet de son chemin de vie).

Une branche ou une épine tordue (représentant des obstacles et des obstacles).

Sel noir (pour lier le chemin avec la négativité).

Incantation:

"Tezcatlipoca, miroir du destin,

Qu'ils perdent le chemin qu'ils prennent.

À chaque pas, qu'ils tombent,

Perdu dans l'ombre, au-delà de tout souvenir.

Réalisation:

Placez le petit miroir devant vous, représentant le reflet de la cible dans la vie.
Saupoudrez de sel noir autour du miroir tout en plaçant la branche tordue dessus.
Chantez l'incantation tout en visualisant la vie de la cible remplie d'incertitude et de confusion.
À la fin du chant, enterrez le miroir à un carrefour ou à un endroit où les chemins se croisent. Cela permettra de s'assurer qu'ils se perdent et que des obstacles bloquent leur progression.
Conclusion:

La cible commencera à faire face à des obstacles constants et à des situations déroutantes. Chaque décision qu'ils prendront sera ressentie comme une impasse, et ils auront du mal à trouver une direction claire dans leur vie, ce qui les mènera à l'échec et au désespoir.

Malédiction de la voix évanouie

Objectif : Réduire au silence la capacité d'une personne à s'exprimer. Ce sort rend de plus en plus difficile pour la cible de communiquer, que ce soit par la parole, l'écriture ou même la pensée.

Divinité invoquée : Huitzilopochtli (dieu de la guerre, utilisé ici pour supprimer la capacité de la cible à parler ou à se défendre).

Ingrédients:

Une enveloppe scellée (symbolisant la communication).
Une plume noire (représentant le silence et la répression).
Une bougie rouge (symbolisant la vitalité et la parole).
Incantation:

"Huitzilopochtli, fais taire leur voix,

Qu'ils n'aient plus le choix.

Les paroles manqueront, et les pensées resteront muettes,

Comme ils sont laissés sans poursuite.

Réalisation:

Placez la plume noire à l'intérieur de l'enveloppe scellée.

Allumez la bougie rouge, en vous concentrant sur la flamme et en visualisant la voix et les mots de la cible en train d'être étouffés.

Chantez l'incantation tout en imaginant leur capacité à parler, à écrire et à s'exprimer s'échapper.

Après le chant, enterrez l'enveloppe sur le pas de la porte de la cible ou sur son lieu de travail, afin que ses paroles soient à jamais étouffées et que sa voix ne soit pas entendue.

Conclusion:

La cible commencera à éprouver des difficultés à s'exprimer. Qu'il s'agisse d'une incapacité à s'exprimer dans les conversations, de bégayer en essayant de transmettre des pensées ou de perdre complètement leurs mots, ils auront du mal à être entendus ou compris.

Sort des mains flétries,

Objectif : faire perdre à la cible sa capacité à créer, travailler ou effectuer des tâches. Ce sort fait flétrir leurs mains et leurs capacités, les empêchant de réussir tout ce qu'ils essaient.

Divinité invoquée : Tlazolteotl (Déesse de la purification, inversée pour détruire les mains qui créent).

Ingrédients:

Une feuille séchée (symbolisant la pourriture).

Un morceau de tissu (représentant les mains de la cible).

Encre noire (pour symboliser la perte de créativité).

Incantation:

"Tlazolteotl, déesse de la décomposition,
Que leurs mains se dessèchent, qu'elles s'égarent.
Ce qu'ils touchent se changera en poussière,
Dans leur emprise, rien que de la rouille.

Réalisation:

Posez la feuille séchée sur le morceau de tissu et trempez vos doigts dans l'encre noire.

Dessinez un symbole de décomposition sur le tissu, représentant l'incapacité de la cible à performer.

Chantez l'incantation tout en vous concentrant sur les mains de la cible et sa perte de capacité.

Après le chant, déchirez le tissu et enterrez-le près de son travail ou de sa maison, en vous assurant que ses mains restent inutiles et incapables.

Conclusion:

La cible connaîtra un déclin physique et mental, en particulier dans ses mains. Ils constateront que leurs tâches deviennent plus difficiles, que leur créativité s'estompe et qu'ils deviennent incapables d'accomplir un travail important, ce qui entraîne frustration et échec.

Malédiction de la tempête éternelle

Objectif : Apporter de l'agitation et du chaos émotionnel dans la vie de quelqu'un, lui donnant constamment l'impression d'être entouré de tempêtes, à la fois littéralement et métaphoriquement. Cette période crée des turbulences et des bouleversements dans leur vie personnelle et professionnelle.

Divinité invoquée : Tlaloc (Dieu de la pluie et des tempêtes, déformé pour créer le chaos).

Ingrédients:

Un objet en forme de nuage d'orage (représentant la tourmente).
Un bol d'eau (symbolisant les émotions).
Une bougie bleue (pour représenter le ciel, maintenant nuageux).
Incantation:

"Tlaloc, apporte ta tempête de malheur,

Que leur vie soit remplie de chaos, et montrez,

Il n'y aura pas de paix, pas de calme à trouver,

Que la tempête obscurcisse à jamais leur esprit.

Réalisation:

Placez l'objet nuage d'orage devant vous, entouré du bol d'eau.

Allumez la bougie bleue, représentant le ciel avant la tempête.

Chantez l'incantation tout en visualisant la vie de la cible submergée par la tourmente et le chaos, de la détresse émotionnelle aux événements désastreux.

Laissez la bougie brûler complètement, puis dispersez l'eau sur l'objet nuage d'orage, symbolisant le flot d'émotions qui suivra la cible.

Conclusion:

La cible connaîtra des tempêtes émotionnelles, des crises et le chaos dans sa vie. Que ce soit à travers des relations personnelles, le travail ou des luttes quotidiennes, ils se sentiront constamment dépassés et la paix restera insaisissable.

Sort de l'âme flétrie

Objectif : Drainer la cible de son énergie, la laissant avec un profond sentiment d'apathie et de désespoir. Leur âme se sentira flétrie et leur enthousiasme pour la vie disparaîtra.

Divinité invoquée : Mictlantecuhtli (Dieu de la mort, représentant l'épuisement progressif de la force vitale).

Ingrédients:

Une pierre noire (représentant l'âme drainée de la cible).

Une fleur morte (symbolisant leur énergie fanée).

Une pincée de cendre (représentant la combustion de leur esprit).

Incantation:

« Mictlantecuhtli, seigneur de la mort,
Drainez leur âme à chaque respiration.
Ce qui était autrefois brillant s'évanouit maintenant,
Laissez-les se faner, jour après jour.

Réalisation:

Placez la pierre noire et la fleur morte devant vous, en vous concentrant sur la vitalité de la cible.

Saupoudrez la cendre sur la fleur tout en chantant l'incantation.

Pendant que vous chantez, imaginez l'esprit de la cible s'estomper, son énergie s'évanouir.

Après le chant, enterrez la pierre et la fleur dans un endroit désolé pour vous assurer que la malédiction persiste et continue de drainer leur force vitale.

Conclusion:

La cible ressentira un sentiment permanent de vide et d'apathie. Leur enthousiasme pour la vie diminuera, les laissant épuisés et épuisés émotionnellement. Au fil du temps, ils perdront leur volonté de se battre ou de poursuivre leurs passions.

Sort du piège inéluctable

Objectif : Faire en sorte que la cible se sente piégée dans sa situation, incapable de s'échapper ou de changer sa situation. Ce sort les confine mentalement et physiquement, créant un sentiment d'impuissance.

Divinité invoquée : Tezcatlipoca (Dieu des miroirs, représentant les reflets de l'enfermement).

Ingrédients:

Une petite cage (symbolisant l'enfermement).

Une chaîne (pour représenter la nature contraignante de la malédiction).

Un ruban noir (pour lier leurs actions).

Incantation:

"Tezcatlipoca, miroir du destin,

Laissez-les tomber, laissez-les attendre.

Liés par des chaînes, piégés par la pensée,

Une évasion toujours recherchée.

Réalisation:

Placez la chaîne autour de la cage, en attachant le ruban noir autour des deux. Chantez l'incantation tout en visualisant la cible se sentant piégée mentalement et physiquement, incapable d'avancer dans sa vie.

Après le chant, enterrez la cage et le ruban dans un endroit qui symbolise le piège (comme un sous-sol ou une cave).

Conclusion:

La cible se sentira confinée mentalement et émotionnellement. Ils ne verront aucun moyen de sortir de leur situation actuelle et auront l'impression que chaque chemin menant à une impasse.

Malédiction de la lumière vacillante

Objectif : perturber la paix et le sentiment de stabilité de la cible en provoquant de la confusion et de l'instabilité dans son environnement. Cette malédiction rend tout incertain, comme si leur environnement changeait constamment. Divinité invoquée : Huehuecoyotl (Dieu de malice, inversé pour apporter le désordre).

Ingrédients:

Une bougie vacillante (symbolisant l'instabilité).

Un morceau de verre brisé (représentant la paix brisée).

Une plume blanche (symbolisant le caractère éphémère du calme).

Incantation :

"Huehuecoyotl, apporte ta plaisanterie,
Qu'ils ne connaissent aucun repos paisible.
Chaque scintillement, chaque quart de travail,
Que leur monde dérive pour toujours.

Réalisation :

Placez la bougie vacillante au centre de l'espace, entourée du verre brisé et de la plume.

Chantez l'incantation tout en visualisant le monde de la cible se remplissant de confusion et d'instabilité.

Laissez la bougie allumée le plus longtemps possible, en laissant la lumière vaciller et créer de l'incertitude.

Jetez le verre brisé près de leur maison ou de leur lieu de travail pour vous assurer que leur environnement reste instable.

Conclusion:

La cible connaîtra des perturbations constantes dans sa vie, de son domicile à son travail. Rien ne semblera stable et ils auront constamment l'impression que leur monde change sous leurs pieds.

Sort de l'écho silencieux

Objectif : Faire en sorte que la cible ait l'impression que sa voix, ses actions et sa présence n'ont aucun impact. Cette malédiction les fait se sentir invisibles et insignifiants pour les autres, ce qui les conduit à une profonde solitude et à l'isolement.

Divinité invoquée : Tlazolteotl (Déesse de la purification, inversée pour isoler et faire taire).

Ingrédients:

Un miroir (pour refléter leur invisibilité).
Une petite cloche (pour représenter le silence et les voix oubliées).
Un tissu blanc (symbolisant la pureté perdue).
Incantation:

« Tlazolteotl, entends ma supplication,
Qu'ils s'effacent là où personne ne peut voir.

Aucun mot ne résonnera, aucune main ne touchera,
Qu'ils soient oubliés, perdus comme tels.

Réalisation:

Placez le miroir devant vous et sonnez une fois.
Enveloppez le miroir avec le chiffon blanc tout en chantant l'incantation.
Concentrez-vous sur la visualisation de la cible devenant invisible, sa présence oubliée et inaudible.
Laissez le miroir enveloppé à la porte ou à la maison de la cible pour vous assurer que la malédiction reste active.

Conclusion:

La cible se sentira complètement isolée, comme si ses paroles et ses actions n'avaient plus d'importance. Ils se sentiront invisibles aux yeux du monde, sans que personne ne reconnaisse leur présence, les laissant souffrir de solitude et de désespoir.

Conclusion

La collection de sorts de magie noire aztèque met en valeur la relation profonde et complexe que le peuple aztèque entretenait avec le surnaturel, illustrant sa croyance que les forces de la nature, des dieux et des esprits pouvaient être exploitées pour façonner le destin humain. Ces sorts, bien que souvent sombres et destructeurs, n'étaient pas simplement des outils de malveillance, mais plutôt des expressions de la compréhension aztèque de l'équilibre, où la lumière et l'obscurité, la vie et la mort, étaient entrelacées. Ils servent de rappel de la puissance brute à laquelle on peut faire appel lorsque l'on ose puiser dans les anciens royaumes interdits de la magie.

À travers ces rituels, invocations et malédictions, le praticien peut faire appel aux puissantes divinités du panthéon aztèque, que ce soit pour la vengeance, le contrôle, la manipulation ou le chaos. Chaque sort a été conçu avec intention et précision, conçu pour invoquer des pouvoirs spécifiques qui pourraient modifier le cours de la vie, apporter la malchance ou même rompre les liens entre les individus. Les ingrédients utilisés dans ces rituels, des objets sacrés aux éléments naturels, étaient imprégnés d'un symbolisme profond, et les mots prononcés des Incantations étaient conçus pour aligner le pratiquant avec la volonté des dieux.

Cependant, comme pour toutes les formes de magie, il y a un avertissement : les forces que ces sorts invoquent sont imprévisibles et puissantes. Tout comme les dieux aztèques pouvaient accorder des faveurs, ils pouvaient également se retourner contre le pratiquant, causant des conséquences inattendues. Le pouvoir de la magie noire aztèque n'était pas quelque chose à prendre à la légère, et ses résultats étaient souvent irréversibles.

En étudiant ces sorts, on acquiert non seulement un aperçu des anciennes pratiques de la civilisation aztèque, mais aussi une compréhension plus profonde des forces puissantes que les Aztèques croyaient gouverner l'univers.